JN437136

그리운 백련사

내 마음의 반야용선, 백련사에 이 시집을 바친다.

백련사 전경

그리운 백련사

김재석 시집

문학들

시인의 말

듬성듬성 동백꽃이 얼굴 내밀 즈음
시조집 『만경루에 기대어』 표사 부탁하러
주지 스님 뵈러 갔었다
스님은 워즈워드의 말 그대로
삶은 단순하고 생각은 깊은 분이었다
나의 필명 '해인' 에 대한 이야기를 나누다가
문득, 백련사 토굴과
하룻밤 열애할 수 있는 기회를 주셨다
아무런 준비가 돼 있지 않은 나는
그 기회를 잡지 못했으나
토굴의 안팎을 하나도 놓치지 않았다
'치잣빛 슬픔' 이란 말을
써 먹은 적이 있는 나는
토굴의 마루에 놓인
치자 열매 네 개 중에
두 개를 주머니에 담아왔다
그 두 개의 치자 열매를 훔친
죄에 대한 속죄로 낳은 시들이
바로 백련사 시편들이다
(「신발」 한 편을 제외하고)
이 시집을 들고

부탁한 표사 받으러
백련사에 가야겠다,
겸사겸사 동백꽃 구경도 하고

사족 : 이 글을 써 놓은 지 두 해가 지나 이제야 출간을 한다.

동백꽃똥구멍쪽쪽빠는새, 김재석
2014년 여름

차례

제1부

제2부

제3부

제4부

백련사 동백꽃

수수께끼

시들지 않는 연꽃인
백련사가
우리에게 줄 수 없는 것이
무엇이지

– 글쎄

시들지 않는 연꽃인
백련사에게
기대할 수 없는 것이
무엇이지

– 글쎄

시들지 않는 연꽃인
백련사에게
얻어먹을 수 없는 것이
무엇이지

— ○○

* 정답은 이 시집의 143쪽에 있습니다.

동백꽃똥구멍쪽쪽빠는새

한번
동백꽃똥구멍쪽쪽빠는새는
영원한
동백꽃똥구멍쪽쪽빠는새인가

내가 한 해 백련사에
몇 차례나 찾아와
동백꽃 똥구멍을 빨면
몇 차례나 빤다고

이제는 나이 들어
동백꽃 똥구멍 쪽쪽 빠는 것보다
내 눈빛이 동백꽃봉오리 건드려
배부르게 하는 데 일조하는 것을

나도 자식 출가 시킬 때가 되어
점잖다는 말 들어야 되거늘
나만 보면 새들이

동백꽃똥구멍쪽쪽빠는새라고 놀려 대니

본인이 스스로
동백꽃똥국멍쪽쪽빠는새라 부르는 거와
남들이 놀려 대는 거와는
벌써 다르거늘

동백꽃 길 떠난 지가 언젠데
나만 보면 새들이
동백꽃똥구멍쪽쪽빠는새라 놀리니,
뭐 다 내 탓이지

* 『강진』이란 시집과 『조롱박꽃 핀 동문매반가』란 시집에 제목은 동일하나 내용이 다른 시가 있다.

백련사 동백숲의 트위터

백련사 동백숲에 들어서면
동백꽃들이 내가 올 줄 알고
기다렸다는 표정이니
직박구리도 아는 척하니
동백숲에 들어서기도 전에
트위터들이 연락을 취한 건 아닌지
내가 오가며
지그들을 다 풀어먹는다는 걸
눈치챘다면
달갑잖은 표정일 텐데
시큰둥한 표정일 텐데
아직 눈치채지 못한 건지
진즉 눈치채고도
모른 척하는 건지
만경루 앞마당의 백일홍도
명부전 앞마당의 모과나무도
대웅보전 벽화 심우도의 동자도
내가 올 줄 알고

기다렸다는 표정이니
지그들끼리
연락을 주고받은 게 분명하지
내가 스마트폰 들이대면
다들 자세를 바로 잡아야

백련사 동백숲의 새들

백련사 숲 향기에 몸을 절일 생각으로
동백숲 걷다가
새들이 지저귀는 소리에
귀를 기울였지

어느 날은 ㅁㅁ, ㅁㅁ
어느 날은 ㅇㅇ, ㅇㅇ 지저귀기에
줏대 없다 생각했지

저것들이
괜히 스님들 편 가른다, 오해했는데
무문관에 틀어박힌 뒤에야
그 이유를 알았지

홀수 날은 ㅁㅁ, ㅁㅁ
짝수 날은 ㅇㅇ, ㅇㅇ 이라고
지저귀더라고

내 말이 거짓인가 참인가
무문관에 틀어박히지 않더라도
템플스테이 이틀만 하면
금방 알 수 있지

동백숲

백련사, 하면 동백숲인데
동백숲에
후박나무도 비자나무도
함께 잘 살고 있데

화이부동은
논어가 가르치는데
부동화이는
누가 가르치나

덩치 큰 후박나무와
키 큰 비자나무와
때깔 좋은 동백나무가 사이가 좋으니
질투가 날 정도이데

집에 와
생각해 보니
서로
보디가드여!

백련사 느티나무

볼품없는 나를 기다리느라
자리를 뜨지 않고
수백 년을 한자리에서 기다린 그대를
건성으로 지나쳤지

이제
나는 그대를 위하여
무얼 건네주고 떠나야 하는가

살아 천년,
죽어 천년
이 자리에서 버틸 그대를

언제,
어디서
무엇으로 헤어졌다가
다시 만난 것인가

백련사 어느 부도의 눈빛 전언

살아서만
예불을 드리고
참선을 하는 것이
아니지

죽어서도
예불을 드리고
참선을 하는 것을
몰랐지

마실도 다니고
여기저기
기웃거리며
한눈도 파는 것을

동백꽃 향기
겹겹으로
맡으며

코 박는 것을

웬만한 단수로는
눈치채지 못하지
내가 하는
짓을

줄탁

성철 스님의 열반송을 맛본 내가
풀지 못한 것이 있어
남들이 동백꽃에 한눈파는 틈에
백련사 부도들을 만나러 갔다

육화당의 주지 스님에게 물었다가
내 물음을 같잖게 여길까
겁이 나 발길을 돌린 것은
내가 숫기 없는 탓이다

空卽是色色卽是空의 세계에서
왜 갑자기 성철 스님은
'산은 산이요, 물은 물이다' 라 했는가
언어의 부리로 내가 나를 툭툭 친 것이다

不立文字의 달인들인 부도들이
언어도단의 부리로
나를 툭툭 쳐주기를 기다리는데
동백꽃들도 귀를 기울이는 것이다

백련사 비자나무

말없이 서서
바람을 빗질하는
저 비자나무의 조상들이
수원화성에 한몫한 것을

다산은 알고 있었을까
바다로 수송된
비자나무가
백련사 출신인 것을

전생에 인연 있는 비자나무가
다산을 장기에서 빼내
강진으로 보내
만덕사지 편찬케 한 걸까

헝클어진 내 사유를
빗질하는
저 비자나무들의 조상이
수원화성에 한몫한 것을

동백 아가씨

백련사에 갈 때마다
동백꽃들이 나만 보면
죽고 못 사는 이유를 이제야 알았지

헤일 수 없이 수많은 밤을
가슴을 도려내는 아픔에 겨운
동백꽃들의 마음을 가장 잘 알아주는 이가
나라고 생각한 거지

동백꽃잎에 새겨진 사연
말 못할 그 사연을 가슴에 묻은
동백꽃들의 마음을 가장 잘 알아주는 이가
나인 것을 나는 몰랐지

실은
그리움에 지쳐서 울다 지쳐서
내 마음이 빨갛게 멍이 들 때마다
찾아간 것을

동병상련의 아픔에
누구도 들리지 않게
동백 아가씨 이절까지
갈 때마다 몇 차례고 불러 본 것을

백련사에 갈 때마다
동백꽃들이 나만 보면
가만두지 않는 이유를 이제야 알았지

* 이 시는 이미자의 '동백 아가씨'란 노래의 가사를 차용하였다.

백련사 능소화

동백꽃이 물러난
한참 뒤에

백일홍꽃이
얼굴 내밀기 전에

둘 다 더위 먹어
힘 못 쓸 때

만경루 옹벽에,
육화당 옹벽에

주련인 듯
얼굴 내민 능소화

생각이 깊다고
해야 맞나

약삭빠르다고
해야 맞나

백련사 단풍나무

부동화이 중인
동백나무가 후박나무가 느티나무가 백일홍이

새 식구라고
서로 감싸 주는 데도

바싹 긴장하는 걸
보면

아무도
텃세 부리지 않는데도

이제 막 사미계 받은
스님처럼

눈치 보는 걸
보면

동백숲 대나무

백련사 동백숲에 대나무가
새치 취급 받았나
밑동이 잘려 나가고 있다,
큰일 하려 잘린 게 아니고

타고난 탑을
일생 동안 보관 관리하는
대나무에게 배울 게
한두 가지가 아니지

내 눈에는
곧게 자란 대나무가
동백숲 정신 차리게 하는
죽비인데

화이부동和而不同도 아름답지만
부동화이不同和而는 더 아름다운데
죽비인 대나무가
동백숲의 눈에 거슬렸나

무문관 불개미

1

밤새
소쩍새 울음 해독하느라

생각의 고삐를 붙들고 있다가
잠이 들었지

아침에
깨어 보니

머리맡
과일 접시에

불개미
군단

2

아침 풀밭에
과일 접시 떠맡기고

돌아서는
나의

생각의
뒤통수를

붙들고
놓아주지 않는

불개미
군단

백련사 토굴 답사기

1. 마루

해와 달,
별빛
쉬어 가라고

엉덩이
깔고
쉬어 가라고

쉬다가
심심하면
가지고 노라고

치자 열매
몇 개
놓아두고

2. 부엌

혼자 있을 땐
냉방으로
정진하면서도

힘이 부친 사람들
삶을
재충전하라고

언제
장작을
저리 많이 해놨는지

저 작디작은
덩치가

3. 봉창

문을 열면
순식간에
죽도가 가우도가 들어와

문을 닫을 때까지
나갈 생각을 전혀 않는

덩달아
동백숲도 따라 들어오는

동백숲에
동박새도, 직박구리도
묻어 있는

다들
돌아갈 생각을 않는

4. 내벽

달력 속의 달마는
눈에
쌍심지 켜고

누구와
눈싸움을 하는지

아니
여전히

반대편 벽을 향해
면벽을 하는지

자신의
주특기인

5. 벽장

텅 비어 놓았어야

남의 것이
아닌

자기 것으로
채우라고

이불마저
어디로 사라졌어야

자기
몸뚱이 가릴 것은

자기가

젊어지고 오라고

6. 약수

바위가
눈물을 흘린다고 해야 맞나

먼 걸음을 한
목마른 생들을 위하여

바위가
제 몸을 쥐어짠다고 해야 맞나

아무
생각 없이

벌컥벌컥
들이마시는 생들을 위하여

달마와 눈빛 겨루기

– 백련사 토굴에서

달마가
내놓을 것은 눈빛과 항아리 배인데
게다가
구 년 면벽인데

내가
내세울 것은
밥이 되지 않는 시인데

자꾸만
달마가 내게
눈싸움을 걸어오는데

눈싸움이야
나도 자신이 있는데

난
할 일이 많은 사람이고

달마는
할 일이 없는 사람인데

달마와
눈싸움은 여러 날 걸릴 것인데

눈싸움하다
내가 할 일 있다
돌아서면
내가 패한 것이 되는데

내가
왜 손해날 짓을 해야 하나

더욱
우리 동네도 아닌 데서

백련사 토굴 일박

육화당의 허락을 받는 것은
첫걸음에 불과하지
만경루에 들어서기 이전에도
만경루에 들어선 이후에도
나의 일거수일투족을
다 들여다보고 계신 것을
나중에야 알았지
대웅보전이 명부전이 응진전이
나를 눈여겨본 것을 미리 알았더라면
발걸음 하나하나 조신하게 굴었을 것을
삼동에 이불 짐 짊어진 나를
친절하게 길 안내해 주는
무문관 지나 토굴을 만났을 때
토굴이 날 보고 겸연쩍어하데
토굴의 아궁이에 장작불 쑤셔 넣어
토굴의 마음을 산 뒤에
봉창문 열고 내다보니
동백숲 너머 강진만이 내게 다가오데

죽섬이 가우도가 순식간에 봉창으로 들어와
나갈 생각을 않데
내 양어깨를 베개 삼아
이야기를 나누던 죽섬과 가우도가
먼저 잠에 떨어졌지
잠에 떨어진 죽섬과 가우도가
아미타불아미타불 계속 코를 골아
나는 한숨도 못 잤지

백련사와 보낸 한나절

– 낮잠

산호벽수珊瑚碧樹 꿈꾸다가
무릎은 깨지고 허리는 망가진 내가
자주 방문하지 못하는 걸
배려한 백련사가 날 찾아왔어야

백련사 초입 동백숲에서 토굴까지
범종은 그 무거운 몸을 끌고
육화당의 지도 아래
백련사가 통째로 날 방문하다니

동백숲에 떨어진 동백꽃까지
다 챙긴 백련사
만경루 만경다설이 날 끌고 들어가
구강포 앞바다까지 보여주는 것을

백일홍이 내게 너무 오래 앉아 있다
눈치하는 바람에
서둘러 발길을 옮겼지,

몸은 말을 듣지 않아도

대웅보전, 명부전, 응진전, 무문관, 토굴까지
토굴 마루에 치자 열매 네 개
그중 두 개 호주머니에 슬쩍 담아가지고
내려왔지

내려오는 발걸음이 왜 이리 무거운지
머리 뒤통수는 왜 이리 뒤숭숭한지
직박구리가, 동박새가
뭐라뭐라 소문내는 바람에 잠이 깼지

비 내리는 백련사

겨우내 현대식으로 정비한
반야용선
출항하기 전에
풍진을 씻어 내는 것 봐

이제
더 이상 노 저을 필요도
돛을 달 필요도 없는
현대식 장비를 갖춘

힘 좋은 스크루,
머리 좋은
자동화된 조타실에 의존하여
녹음된 반야심경으로

목 아프다고
용각산
목구멍에 털어 넣을

필요도 없는

공양간은 뷔페식 식단을 갖춘
동백꽃들 이미 승선하기 시작한
반야용선
목욕재계하는 것 봐

* 백련사는 녹음된 반야심경을 사용하지 않는다. 시가 그렇다는 것이다.

그리운 백련사

뵙기만 하면
토굴이든 선방이든
자고 가라고만 하는
돌아온 조주, 여연도 그리운 것을

사라져 버린
강진만 갈대밭 돌려달라
꿈길에도 항변하는
일담도 그리운 것을

육화당에
구강포의 죽도와 가우도 불러들여
함께 한담을 나눈
원정도 그리운 것을

오욕칠정이
오직 하나로 귀의하는 것을 깨닫고
임신중절수술 자처한

정진도 그리운 것을

* 정진 : 백련사에서 키우는 암캐.

내가 백련사에 가는 이유는

내가 잊을 만하면
백련사에 가는 이유는

반야용선 타고
피안에 갈 때

어리둥절하지
않도록

미리
뱃길을 알아보는 거지

키미테
붙이지 않고도

뱃멀미하지
않도록

미리
승선해 보는 거지

* 키미테 : 멀미약.

제2부

백련사 꽃무릇

만경루 앞마당의 백일홍

봄날 대낮에
만경루 앞마당의 백일홍이
끄떡끄떡 조는 모습을 보이는 것은
춘곤증 때문이 아닌 것을

군락을 이룬
돈오점수 꿈꾸는
백련사 동백꽃들에
기가 죽은 것도 아닌 것을

육화당에 템플스테이하며
꿈길에 반야용선 오른 중생들의
아제아제 바라아제
바라승아제가 주범인 것을

원정 스님이 선창하면
템플스테이하는 중생들이
따라하는 소리에

잠 한숨 못 이룬 때문인 것을

어떻게 알았냐고
동백숲의 동박새가 직박구리가
코고는 소리에
못 살겠다, 투덜대더라고

대웅보전 옆마당의 백일홍

백련사,
대웅보전 옆마당의 백일홍이
만날 때마다
내게 눈살을 찌푸려야

말 들으나 마나
만경루 앞마당의 백일홍에게만
관심을 쏟고
자기에게 신경 쓰지 않는다는 거지

제 딴엔
대웅보전 벽화 심우도의 동자도
한눈파는 몸매인데
내가 눈길을 안 준다고 불만이여

자기를 만나기에 앞서
만경루 앞마당의 백일홍에
취하지 않으려고

아미타불을 맘속으로 부른 내게

나의 뒤를 밟는
그림자도, 햇살도 다 아는 사실을
자기만 알지 못하고서
눈살을 찌푸려야

응진전 앞마당의 백일홍

벌써, 보는 눈이
몇인가

석가모니 부처와
십육나한

아무렇게나 하고 있다간
입방아에 오르지

부처도, 나한도
사내인 걸

중생들의 눈독이야
별것 아니나

부처와 나한의
눈독은

무시했다간
큰일나지

더더욱
허튼 생각하고 있다간

백련사 범종

두우우우웅…!

당목으로
제 몸을 때리게 하는
백련사 범종이 피학성인 것은
운명이지

두드려 맞아야만
제 영혼이 먼 길을 가
중생들에게
불과佛果를 안겨 줄 수 있으니

두우우우웅…!

두드려 맞아
먼 길을 가는 영혼이
꼭 맡겨진 일만 다하는 것도
아니지

애락의 바다에 허우적거리는
중생들 제도하면서
한눈파는 재미도 있는 거지,
덩달아

백련사 범종

사해 중생을 제도하는
백련사 범종도
이따금 한눈팔지

동백꽃 꽃봉오리에 코를 박아
꽃가루가 코에 묻어
무거워
주저앉고

무문관 지나,
토굴 지나
만덕산 은밀한 곳에서
옥련사 범종 만나고

만나서
뭔 짓 하는지,
내 눈으로 보지 못했으니
추측만 할 뿐

너무나 날래어
내 몸으로 뒤따라갈 수 없으니
뭔 짓 하는지는
상상에 맡길 수밖에

그밖에
또 무슨 일 하고 다니는지
다행히
뭔 사고 쳤다는 뉴스는 없으니

좌우지간
한눈파는 재미없으면
중생 제도 안 나서지

* 백련사 산 너머 옥련사가 있다. 옥련사는 비구니 절이다.

백련사 사적비

백련사 사적비를 풀이하여
내 한문 실력을 과시하고 싶은데
글자가
잘 보이지 않으니

사적비에 핀
죽음의 꽃이 글자를 가려
내 한문 실력을
영 써먹을 수가 없어야

학사 최자가 왕명을 받들어 지은
원묘국사의 비가 있었지만
유실되었다고
사적비가 더듬거리는데

절의 위치와 연혁,
원묘국사와 백련결사,
원묘국사비와 사리탑에 관하여

사적비가 더듬더듬 언급하는데

사적비에 글자만
제대로 내 앞에 얼굴 내밀면
보란 듯이
내 한문 실력을 보여줄 텐데

만경루에 기대어

새들의 노랫소리가 내게는 만가인
동백숲 지나, 바다 건너
마량 가는 길에
내 슬픔의 내력이 누워 있지

그해 여름
치잣빛, 생의 마침표를 찍은
아버지를 위해
어머니는 씻김굿을 하였지

내 눈빛이 찾아가지 않으면
바다 건너, 동백숲 지나
날 찾아오는
마량 가는 길이여

치잣빛 햇무리가
저 바다에 쫙 깔리면
눈부신 슬픔이 범람해도

내 눈길을 돌릴 수가 없지

* 「만경루에 기대어」란 동일한 제목의 내용이 다른 시조가 『내 마음의 적소, 동암』과 『만경루에 기대어』란 시조집에 실려 있다.

만경루 누각 밑 98개의 풍경들

백련사 대웅보전을 뵙기 위하여
98개의 풍경들이 사열한
만경루 누각 밑을 지날 때마다
그곳이 해탈문이라는 생각이 들어야

더더욱
그런 생각이 떠나지 않는 것은
백련결사인 백련사의
해탈문이 증발했기 때문이여

산문이 팔을 내밀 때
소눈보다 더 큰 눈의 사천왕은
중생들 겁주는데
풍경 소리는 맘 편하게 하지

108개 채우면 나무랄 게 없겠지만
10개 더 있어
다 들어서면 숨통이 터져

제 임무를 다하지 못하는 걸

꼭 숫자에 연연할 필요가 뭐 있나
만경루 누각 밑이 해탈문인
백련사답게
의미만 부여하면 되지

* 이 시를 쓴 시기에 백련사는 해탈문을 짓고 있는 중이었다.

백련사 대웅보전

지지 않는 연꽃인 백련사
대웅보전 수미단에
현재, 과거, 미래가
가부좌 틀고 계셔야

백팔번뇌 치유하려면
현재, 혼자서는
감당하기
너무 어려우니

세 분이 나란히 앉아
삼배하는 생들을
다 꿰뚫어 보는 거지,
등만 쳐다보고서도

백지장도 맞들면 낫다고
세 분이 한 생의 번뇌를 나누어
담당하는 게

훨씬 수월하지

두 분이 아니고
세 분이 함께하다 보면
의가 상할 수도
있는데

지지 않는 연꽃인 백련사
대웅보전 수미단에
현재, 과거, 미래는
서로 우애가 깊으셔야

석가모니불

시들지 않는 연꽃인
백련사에는
두 분의 석가모니가 계시더라

한 분은
대웅보전 수미단에
약사여래와 아미타불과 함께하시고

또 한 분은
응진전에
십육나한과 함께하시더라

대웅보전 덩치 큰 석가모니의 하루가
훨씬 힘이 드시겠더라,
삼배하는 중생들 일일이 맞이해야 하니

응진전 덩치 작은 석가모니의 하루는
훨씬 수월하시겠더라,

십육나한의 자세를 보니

덩치 큰 석가모니와 덩치 작은 석가모니가
도량에 마실 나와
한담 나누는 걸 봤다는 이는 아직 없더라

몸은 둘이나
한 분이니
그럴 필요가 없겠지

점호

아침마다, 여연 스님 상좌인
원정 스님이 드리는
예불이 바로 아침 점호여야

약사여래, 석가모니, 아미타불
한 번쯤 늦잠 자고 싶어도
그러지 못한 것은 예불 때문이지

자세가 흐트러졌다간
금방 소문나니
삼존불도 꼼짝달싹 못하는 거지

예불 빼먹으면 서로 좋은데
아침이면 어김없이 들이닥치니
힘이 들 수밖에

심지어 아침 공양도
예불과 똑같이

한차례도 빠뜨리지 않으니

아무리 힘들어도
싫은 내색 안 하는 것 보면
보통 분들이 아니지

대웅보전 벽화, 한산습득寒山拾得

백련사 벽화 중에
내 적성에 맞는 것이
한산습득寒山拾得인 것을

오조전법은 지루하고
단비구도, 계족정진, 위법구망은
꿈도 못 꾸고

한산습득 정도라면
한 번 자원해 볼 만하지,
득도 못하더라도

내가 여기저기 끌쩍거려 놓은 것을
누군가가 정리해
세상에 전해 줄 터이니

삼은시는 삼백 수이나
내 시는 천 수가 넘어

정리하는 것이 무거운 짐이지만

하하하,

허허허

* 삼은시三隱詩 : 숲 속의 나뭇잎이나 석벽 혹은 촌락의 벽 등에 써 놓은 풍간, 한산 그리고 습득의 시를 모아 엮은 시집을 『삼은시三隱詩』라 한다. 우리나라에서는 『한산시寒山詩』란 제목으로 발행되었다.

대웅보전 불전함

대웅보전 불전함이
도난을 당한 적이 있다는데

습득拾得이가 알면
삼존불 몽둥이질 할 텐데

그것 하나 못 지킨다고
그것 하나 못 지킨다고

실은 삼존불이
눈감아 준 것을

오죽했으면
불전함까지 손대겠냐고

습득이도 나중에야
그런 깊은 뜻을 알았겠지

그래서
몽둥이질 안 한 거지

대웅보전 벽화 해설사, 베드로 수사님

백련사에 나와 동행한
마리아회 수도회 베드로 수사님은
대웅보전 벽화 해설사이지
성경의 달인이자
불경의 달인인 베드로 수사님은
성경과 불경이 전공, 부전공이 아니라
복수전공인 게 틀림없다고
차이라고는
산사에서 수계한 게 아니라
수도회에서 서원을 했다는 것뿐
오조전법, 단비구도, 계족정진,
위법망구, 안수정등을
침 튀기며 설명하는 것 보면
가톨릭 수사란 생각이 안 떠오르지
더불어 대웅보전 수미단에
아미타불, 석가모니불, 약사여래불에
꼭꼭 삼배하고 시주하는 것 보면
돈 떨어지면 빌려서라도 하는 것 보면

천당이 아니라
극락에 가게 될 때를 대비하여
보험에 드는지도 모르지
그것으로 부족해
나와서는 기와불사하고
내게 기와불사하라 옆구리 찌르는 것 보면
베드로 수사님은
전생에 스님이었음에 틀림없다고

백련사 응진전 십육나한 거풍시키기

응진전 십육나한 너무 오래 앉아 있어
어깨가 뻐근하고
다리에 쥐가 나겠지
책임과 의무를 다하느라
말 그대로 목석같이
꼼짝달싹 않고 계시는 것 보면
공경받을 만한 분들이지
문 열어 거풍만 시킬 것이 아니라
대웅보전 앞마당에 불러
국민체조에 허리운동도 시키고
가까운 늦봄문익환학교에 모셔다가
두 패로 나누어
다문제일의 아난과
두타제일의 가섭이 각 팀의 주장이 되어
농구든 축구든 시합을 하는 거지
근데 골대를 득도 삼아
골을 넣는 재미에 빠지다 보면
돌아갈 생각을 않겠지

그게 문제라고
주지 스님이 그걸 알기에
거풍은 시켜도
운동은 시키지 않는 거지
그렇게 깊은 뜻이 있는 것을
이제야 알겠구만

삼성각 산신탱화 호랑이 등에 올라타기

삼성각
산신령과 동자, 호랑이가 함께한
산신탱화 호랑이 등에
한 번 올라타고 싶은데
언제 기회가 내게 올라나
고삐도 안장도 없는
호랑이 등에 올라탄다는 것이
어디 쉬운 일인가
산신령이 허락하여
호랑이가 동의한다 하여도
등에 올라탄다는 것이
그리 쉬운 일이 아니거늘
가을날 삼성각 앞마당의 백일홍에
산신령과 동자, 호랑이가
취해 있는 틈을 이용해
산신탱화 속 호랑이 등에
내 눈빛이 올라타는 거지
그리고 호랑이 목을 붙들고

엉덩이를 때려 달아나는 거지
놀란 호랑이가
산신탱화 밖으로 뛰어나오면
산신령도 어쩔 수 없는 거지
자유를 맛본 호랑이가
백련사를 벗어나면
세상이 떠들썩하겠지
결국은 신문에 나
호랑이 체포조의 마취 총에
쓰러질 운명이지만
나는 모른 척
시치미 뚝 떼는 거지

현판 없는 천불전

이름표 차지 않은 불량 학생처럼
불성실해 보여야

현판 없이
문 닫아 걸고 있으면
오해 살 우려가 있어

뭐라고

숫기가 없어
이름표 차지 않았다고

그때가 언젤지 몰라도
앞으로 찰 거라고

호기심 많은 사람들이
문에 구멍 낼까
겁나서 하는 소리여

더 이상 추궁하지 않을 테니
대책을
세우라고

해탈문

신장개업이라 해야 맞나,
개봉박두라 해야 맞나
개봉박두라면
영어로 coming soon인데

탈이 나 사라진 해탈문을
몇 년 만에 복원하는지
그동안 맘 편하게
백련사 오르락내리락했지

아직 사천왕 모셔 오지 않았으니
개봉박두라 해야 맞지,
일물일어설에 의해
말은 정확히 해야 하니

시대에 맞게
해탈문도 업그레이드해야 하거늘
구버전 그대로 들어서면
맛이 없는데

제3부

만경루 앞마당 백일홍

백일홍의 세부 주소

언젠가 제게 관심을 갖지 않는다고
투덜대던
백일홍에게
연서를 보내고 싶은데

전남 강진군 도암면 백련사길 145,
백일홍 앞으로 보냈다간
만경루 앞마당으로
배달될 우려가 있지

대웅보전 옆마당이 맞는지
삼성각 앞마당이 맞는지
결벽증이 심한 나로서는
분명히 할 수밖에

대웅보전과 삼성각의
눈치가 보이지 않는 것은 아니지만
남의 이목 생각하다간

아무것도 이룰 수 없지

나 혼자
사랑을 독차지할 수 있는
백일홍에게 연서를 보내는데
배달사고 나면 안 되지

등기로 보내고 싶은데
세부 주소를
대웅보전 옆마당으로 해야 하나
삼성각 앞마당으로 해야 하나

대웅보전 옆마당이
삼성각 앞마당이니
남들은 그게 그거라지만
내 생각은 다르다고

기념사진

백일홍이
불러내,
막무가내 불러내

주지 스님 가운데 세우고
총무 스님,
상좌 스님 좌우에 세워

강진만 후불화 삼아
찍은
사진 한 장

어디서
많이 본
모습이어야

만경다설 무당벌레

일망무제의
통유리

배,
한 척

대웅보전 옹벽 아래 꽃무릇

대웅보전 옹벽 품에 안긴
그대를
내가 상사화라 불렀을 때

내가 이름을
잘못 불렀으면 잘못 불렀다,
고개라도 저을 일이지

가만히 듣고만 있으니
나는 그대를 상사화로
생각할 수밖에

그래서 어디 가서나
그대의 종족을 만날 때마다
상사화라 불렀지,
그것도 당당하게

상사화는 상사화

꽃무릇은
꽃무릇인 것을

대웅보전 옹벽 품에 안긴
그대를
이제는 꽃무릇이라 제대로 불러도

내게 와서
꽃이 되려면
한철을 기다려야 하니

선두 주자, 백련사 꽃무릇

백련사
꽃무릇이
불을 켠
뒤에

불갑사
꽃무릇이
불을
켜고

불갑사
꽃무릇이
불을 켠
뒤에

선운사
꽃무릇이
불을 켜는 걸

보면

절간의
꽃무릇들이
바통 없이
계주하는 거여

백련사
꽃무릇이
선두주자인 게
분명하지

걸어 다니는 찻잔, 여연

여연은
걸어 다니는 찻잔이여

그대가 물이 되어
여연이란
찻잔에 담기면
난폭한 물은 온순한 물이 되지

여연이란 찻잔에
눈 씻고 봐도
여과기는 보이지 않는데

탁한 물은
더할 나위 없이
청정한 물이 되지

누구든 물이 되어
여연이란

찻잔에 담기면
다소곳한 물이 되지

여연은
승복 입은 찻잔이여

* 여연如然 : 백련사 주지 스님의 법명이다.

마르지 않는 못, 일담一潭

백련사가
시들지 않는 연꽃인 것은
일담이 함께하기
때문이지

백 개의 담이 있어도
가뭄에 말라 버리면
연꽃은
시들기 마련인데

마르지 않는 못인
일담이
백련사와
함께하기 때문이라고

일담이 마르지 않는
못인 이유를
나는 알지,

다른 사람은 몰라도

다른 못들은
다른 데서
반드시
물이 흘러 들어와야 하지만

일단은
물이 흘러 들어오지 않으면
스스로
샘솟는 못이라고

만경다설 반야병다, 원정

직박구리, 동박새 울음소리 녹아 있는
반야병다 만나면
원정을 알 수 있지

만경다설
모과빛 반야병다 들여다보면
원정의 모습이 떠오른다고

둥글다 해서 다 맑은 것도 아니고,
맑다고 해서
다 둥글지도 않지만

원정이 지닌,
원정의 눈빛이 머물다 간
둥근 것들은 다 맑으니

천녀의 장구 소리 들으며
반야병다 만나면

원정을 그냥 알 수 있지

* 원정圓瀞 : 백련사 상좌 스님의 법명이다.

법명

– 이름값

□□, □□하면
Let it be의
비틀즈가 생각나고

그중에서
이매진의
존 레논이 생각나고

△△, △△하면
백담사의
만해가 생각나고

○○, ○○하면
아침 이슬의
김민기가 생각나고

다들 이름값을
제대로 하는

백련사

누가
백련결사 아니라
할까 봐

잠 못 이루는 육화당

– 雪夜

대웅보전, 명부전, 응진전, 삼성각
뒷바라지하느라 힘이 부쳐도
남은 힘 다하여
반야용선의 노를 젓던
육화당이 잠을 설치고 있다

암초라도
만난 듯

꿈길에
눈이 지독히 내려
출항을 못한 탓인지도 모르지

실은
하루쯤 노를 놓고 쉬라고
눈이 내리는 것을

반야용선

재정비할 시간 가지라고
눈이 내리는 것을

아제아제 바라아제 바라승아제
노를 젓던 육화당이
오늘은 잠을 설치고 있다

육화당 메주

육화당 처마에서 동안거를 지내는
저 메주가 낳을
장맛이
된장맛이 궁금해야

내가 눈길 보내도
내게 눈길 한 번 주지 않는
저 메주가 낳을 맛이
어떤 맛인지

배부른 동백꽃봉오리에도
구강포 해조음에도
범종 소리에도 초연한
저 메주가 무슨 맛을 낳을지

육화당 처마에서 정진하는
저 메주가 낳을 맛이
과연 어떤 맛인지
궁금해야

신발

– 마경덕 시인에게

백련사 육화당에
못 보던
배가 여러 척 정박해 있다

배들 중에는
항로가 험했는지
상처투성이인 배도 있다

가까운 바다,
그물질하는 배들은 아니다

백련사 동백꽃 보러온
유람선은 더더욱 아니다

저마다의
재질과 크기를 가진 배들이
생의 항로에서 좌초되지 않기 위하여
도선사를 만나고 있다

육화당 옆구리 옹벽

약수가 법문하는 육화당 옆구리 옹벽이
불평 한마디 하지 않고
제 할 일 다하는 것은
제 이름값 하느라 그러는 것만도 아니지

먼 걸음 한 햇살들이
무슨 짓 하는지
전혀 알 수 없지만
큰 위안이 될 것이여

만에 하나
햇살에 간지럼 타는 놈들 있으면
몸을 움츠리다가
옹벽이 무너지고 말 테지

햇살이 우스갯소리를 하여
옹벽이 어깨를 들썩이며 웃었다간
육화당이 살아남지 못하니

햇살은 농담도 삼가겠지

약수가 법문하는 육화당 옆구리 옹벽은
먼 걸음 한 햇살들이
뭐라 속삭이고 가기에
제 할 일 다하는가

육화당 앞 옹벽

위법구망하기에
안성맞춤인데

- 諸行無常 是生滅法
- 生滅滅已 寂滅爲樂

시를 읊어 줄 이가
없으니

자작극을 벌일 수는
없고

그냥 그대로 두기에
너무 아까운데

- 諸行無常 是生滅法
- 生滅滅已 寂滅爲樂

여러 날 기다려도
누가 시를 읊지 않으니

받아줄 손이
없으니

* 위법구망爲法軀忘 : 법을 위해 몸을 던짐.
* 제행무상시생멸법諸行無常是生滅法생멸멸이적멸위락生滅滅已寂滅爲樂 : 모든 것은 무상해서 이것은 곧 생하고 멸하는 생멸의 법이다.

법문하는 약수

법문하는 약수가
흘러넘치는
소장경각인 백련사 약수조가
뱃바닥을 드러냈지

낮에는 햇빛이
밤에는 달빛과 별빛이
혓바닥으로 핥다 지쳐
구시렁거리다 돌아가는 거 있지

약수가 고이지 않고
밑구멍으로 달아나 부니
해와 달,
별빛도 짜증날 수밖에

다른 데 것 다 놔두고
법문하는 백련사 약수만 찾는
해와 달, 별빛에게

문제가 없는 것도 아니지만

실은, 법문하는 약수가 오는 길에
몸이 더럽혀져
오명을 남기지 않으려고
피하는 것을

까닭을 알 리 없는
해와 달, 별빛의
구시렁거리는 소리에
육화당 옆 옹벽돌도 마음이 불편하지

법문하는 약수가 몸을 정화한 뒤에
소장경각인 약수조를
철철 넘치게 할 것을,
그새를 다들 못 참고

백련사 수계한 옹기

백련사 장독대,
수계한 옹기들은
출가하기 전에
무슨 일을 하였을까

달마처럼 배가 부른
김칫독인지, 된장독인지
알 수 없는 저 옹기들은
뭔 생각을 하고 있는지

빈 옹기일 수도 있는
저 옹기들이
부동자세로 일관하는 것은
부딪치는 것을 피하기 위해서지

달려오는 것을
피할 수 없는 것은
제 운명이기도 하지,

두 눈 뜨고 당할 수밖에 없는

백련사 장독대,
묵언정진이
따로 없는 저 옹기들은
법명이 무엇일까

백련사 장독 속의 메주

육화당의 처마에서
동안거 끝낸 메주가
거처를
장독으로 옮긴 것을

소금물에 절인 육신에
숯을 얹은 것은
저도 모르게 지닌
불순한 생각 제거하려는 뜻이지

힘을 실어 주는
해와 달, 별빛의 맘에
꼭 들 때까지
옴짝달싹 않는 것을

우러나 간장이 되고
으깨져 된장이 될 때까지
구름이 얼쩡거려도

흔들리지 않고

육화당의 처마에서
동안거 끝낸 메주가
장독에서
또 한철을 보내는 것을

공양간에서 만난 긴나라

육화당의 더부살이가 아니라
안주인인 공양간에서
열심히 공양을 하고 있는데
노랫소리가 들려야

처음 멀리 있던 노랫소리가
점점 가까이 다가오는데
지상에서는
한 번도 들어보지 못한 노랫소리여야

열심히 공양을 하는
내가 체할까 봐
잠시 숨을 돌리라고
누군가 노래를 부르는 게 분명하지

고개를 드니 향기를 먹고 사는
공양간 액자 속의 긴나라가
구름에 누워

노래를 부르고 있어야

밥의 향기, 반찬의 향기를
먹고 사는 긴나라가
중생들 체하지 마라고
공양간에 파견 나온 거지

듣는 사람만 듣고
못 듣는 사람은 못 듣는
긴나라의 노랫소리가
공양간 나서는 나를 따라나서야

선방 벽시계

―諸行無常是生滅法
―生滅滅已寂滅爲樂

저놈은
입도 안 아픈가
목도 안 쉰가
혓바늘도 안 돋는가

―諸行無常是生滅法
―生滅滅已寂滅爲樂

나는 자야
힘내어
반야용선인 내 몸을
출항시킬 텐데

―諸行無常是生滅法
―生滅滅已寂滅爲樂

저놈은

잠도 없이

뭔 헛소리여,

밤새

* 제행무상시생멸법諸行無常是生滅法 생멸멸이적멸위락生滅滅已寂滅爲樂 : 모든 것은 무상해서 이것은 곧 생하고 멸하는 생멸의 법이다.

빗소리

– 백련사 선방에서

문고리
걸어 놓은

방에
들어와

내 코를
비틀고

등짝을
때리고

나를
걷어차는 것을

어서 빨리
일어나

마음밭
일구라고

공양간 처마 시래기

동안거
끝내고도

계속
정진하다니

제4부

다산 초당 가는 오솔길

백련사 정진

천방지축
용맹이는 쫓겨나고
수분전신한 정진이만 남아
생각에 잠겨 있어야

일주문도 천왕문도 안 키우는
백련사, 돌계단에 엎드려
생각에 잠긴 정진이를
햇살이 건드려야

내가 내 속도 못 읽는데
햇살이 건드리는
정진이의 속을
내가 못 읽는 건 당연하지

정진이의 속을 못 읽는
나를 보고 탈탈 털고 일어서는
흰 옷 입은 정진이는

한 송이 연꽃이어야

* 정진 : 백련사에서 개를 두 마리 키웠는데 이름이 용맹과 정진이었다. 용맹이는 사나워 어디론가 보내고 정진이만 남아 있다.

백련사 용맹

백련사 용맹이가
어딘가로 쫓겨난 것은
천방지축 날뛰어서라 생각했는데
그것만이 이유는 아니어야

머지않아 사춘기에 접어들
용맹이와 정진이가
남매간이라는 걸
미처 생각하지 못한 발상이지

만에 하나
불상사가 일어나는 걸 방지하려
환속시킨 걸
누구도 알아차리지 못한 거지

천방지축 날뛴다고 내보낸 건
핑계에 불과하지
주지 스님 고민 많으셨을 거여,
누굴 내보낼 건가로

백련사 정진

백련사 정진이가
돌계단 옆 잔디에 엎드려
누군가를 기다리고 있는데
누구일까

동백숲 건너
산길에 눈이 못 박힌
정진이가 기다리고 있는 이는
용맹이일까

동백꽃은, 백일홍꽃은 사라졌다
다시 얼굴 내밀건만
어느 날 사라진 용맹이는
얼굴 내밀지 않으니

더 이상 정진하는 것을 그만두고
산길에 눈이 못 박힌
정진이의 마음을
무엇으로 달래 줄까

백련사 정진

어느 날
만경루 앞마당에서 만난
정진이는
내게
네 발로 걷는 연꽃이었지

꼬리를 흔들며
다가오는 연꽃이었다고

오늘
동백숲에서 만난
정진이는
한 송이 동백꽃이어야

그것도
하얀 동백꽃이어야

붉은 동백꽃들이

네 발로 걷는 정진이 보려고
고개 돌리다가
뚝뚝 떨어지는 것 봐

가슴에 멍이 들어도
태가 나지 않는
동백 아가씨라고

백련사 정진

동백꽃 향기에 취한 정진이에게
여연 스님과 일담 스님 중
누가 더 맘에 드냐,
내가 눈빛을 보내면
저게 내게 뭐라 눈빛을 보낼까

그렇지 않아도
나를 같잖게 여기는
정진이에게 실없는 눈빛을 보냈다간
되게 당하겠지

만덕산 꼭대기 어깨동무한 바위처럼
여연 스님, 일담 스님
우애 깊게 지내시는데
왜 편을 가르냐며
날 우습게보겠지

내가 그런 질문의 눈빛을

보내지 않았는데도
내 의중을 벌써 읽고
미친놈, 미친놈 하고
다가오는 것 봐!
꼬리는 흔들면서

백일홍 아래 정진

정진이가 백일홍 아래서
동백숲 너머 먼바다에
눈도장 찍고 있는데
부러워 죽겠어야

부러움은
질투가 졸졸 따라다니는데
정진이가
나보다 먼저 해탈할 것 같아야

속인인 나는
이따금 백련사에 들르기에
사시사철 백련사에 못 박힌
정진이를 앞설 수가 없지

포커페이스인 정진이가
백일홍 아래서
먼바다를 바라보고 있는 모습이
어디서 많이 본 모습이어야

백련사 정진

백련사 원정 스님의
부러움을 사는 이가
누구냐 하면
바로 정진이라고

성철 스님도,
법정 스님도 아닌
백일홍 아래
흰옷 입은 정진이라니까

꽃무릇 깔고
반쯤 드러누운
세상 부러울 게 하나 없는
정진이 좀 보라고

탐진치貪瞋癡마저 불임해 버린
정진이의 팔자를
백련사 원정 스님이
가장 부러워한다고

백련사 해우소

근심,
걱정 처분하는 방법도
모던하게

작은 것은
자동으로 인지하여
씻어내고

큰 것은
쪼그려 앉아서 할 게 아니라
좌변기에
앉아서

줄을 잡아당길 것이 아니라
심플하게
버튼 하나로

근심,

걱정 처리하는 것도
시대에 맞게

모던하게,
포스트 모던하게

근심 많은 해우소

들기고
갈까 봐

안 내리고
갈까 봐

웃음엣소리

– 대웅보전 벽화 심우도

심우尋牛에서 입전수수入廛垂手까지
문화해설사의 설명을 따라가던
코흘리개 순수가
자기는 소 찾으러 안 간단다

조금만 한눈팔았다간 뒤지는데
소는 찾아 어디다 쓰냐며
그 시간에 영어와 태권도로
심신을 단련시킬란단다

수입 소고기가
한우농가 다 망쳐 놓는 걸 보고도
손쓰지 못한 자기는
소 찾으러 못 간단다

어렵사리 찾은 소가
구제역 살처분으로 묻혀야 하면
슬픈 일이니

소 찾으러 절대로 안 간단다

부지런히 마음 밭 갈아 씨 뿌리면
열매를 얻는데
애물단지 소는 찾아
무엇하냔다

* 심우도 : 불교의 구도 과정을 보여주는 벽화이다.

* 이 시집 12쪽 시 「수수께끼」의 정답은 '연밥' 이다.

김재석

1955년 전남 강진에서 태어나 1982년 전남대학교 영문과를 졸업하고 2002년 목포대학교 국문과 박사과정을 수료했다. 1990년 『세계의문학』에 시로 등단했으며 2008년 유심신인문학상 시조부문(필명 김해인)에 당선했다. 시집으로 『까마귀』, 『샤롯데모텔에서 달과 자고 싶다』, 『기념사진』, 『헤밍웨이』, 『달에게 보내는 연서』, 『목포자연사박물관』, 『백련사 앞마당의 백일홍을』, 『강진』, 『조롱박꽃 핀 동문매반가』, 『목포』, 『강진시문학파기념관』, 『무위사 가는 길』, 번역서로 『즐거운 생태학 교실』, 시조집으로 『내 마음의 적소, 동암』, 『이화』, 『별들의 사원』, 『별들을 호린다고 저 달을 참수하면』, 『고장난 뻐꾸기』, 『큰개불알풀』, 『다산』, 『만경루에 기대어』가 있다. 현재 목포 마리아회 고등학교에서 영어교사로서 삼십 년간의 교직 생활을 마치고 전업시인으로 활동하고 있다.

e-mail | crow4u@hanmail.net

그리운 백련사

초판1쇄 찍은 날 | 2014년 7월 2일
초판1쇄 펴낸 날 | 2014년 7월 10일

지은이 | 김재석
펴낸이 | 송광룡
펴낸곳 | 문학들
등록 | 2005년 8월 24일 제2005 1-2호
주소 | 501-841 광주광역시 동구 천변우로 487(학동) 2층
전화 | 062-651-6968
팩스 | 062-651-9690
전자우편 | munhakdle@hanmail.net

ISBN 978-89-92680-82-0 03810